Ghost secret

La momie du Pharaon

Couleurs : Christophe Araldi
Conception graphique : Valérie Gibert et Philippe Sedletzki

Hachette Livre, 43 quai de Grenelle, 75015 Paris.

Sophie Marvaud

Illustrations : Céline Papazian

Ghost secret

La momie du Pharaon

HACHETTE

Quelque part loin des routes, caché au cœur d'une forêt profonde, se trouve un château très vieux, immense et sombre, appelé :
le Château des Ombres.

Les héros

Cléo est toujours en pleine forme. Ce qu'elle préfère, c'est grimper aux arbres, nager, et courir à toute vitesse. Elle trouve la vie très intéressante et elle a toujours plein de questions à poser. Quelle chance que son meilleur ami, Balthazar, ait réponse à tout… ou presque !

Grodof, le chien de Cléo, est un bâtard aussi malin qu'un teckel, aussi rapide qu'un lévrier, aussi costaud qu'un rottweiler et aussi tendre qu'un labrador. Mais il est le seul chien au monde à avoir de longues oreilles pointues, enroulées sur elles-mêmes comme des tire-bouchons.

Balthazar adore réfléchir comme un détective. Il sait énormément de choses, grâce à son ordinateur, à la télé et aux livres. Il déteste se bagarrer, ou jouer au foot. Mais il accompagne partout Cléo, sa meilleure amie, parce qu'avec elle, il est sûr de ne jamais s'ennuyer !

Chaque soir, au douzième coup de minuit, dans le grand donjon de l'aile nord, apparaissent sept fantômes.

Les enfants attendent avec impatience ce moment magique.

Traînant leur lourd boulet au bout d'une chaîne, les sept fantômes traversent les murs en gémissant. Ils errent dans la salle des gardes, glaciale, et plus sombre que la nuit. En montant l'escalier en colimaçon, ils s'énervent contre le boulet qui les tire en arrière. Au cours de leur vie, ils ont fait une très, très grosse bêtise. Quand ils étaient vivants, cette bêtise les empêchait de dormir.

Maintenant qu'ils sont morts, son souvenir les empêche de s'envoler vers le Pays du Repos Souriant.

De toutes leurs forces,
ils espèrent que quelqu'un
viendra les délivrer…

Un jour, le dernier des sept fantômes dépose au bas de l'escalier **UNE COURONNE DE PHARAON**.

Les enfants s'en approchent... Et ils sont transportés au cœur d'une incroyable aventure...

Chapitre 1

Une couronne étrange

— Tu as vu, Balthazar ? Quel drôle de chapeau !

— Une couronne de pharaon ! C'est bizarre : elle est aussi transparente que le fantôme…

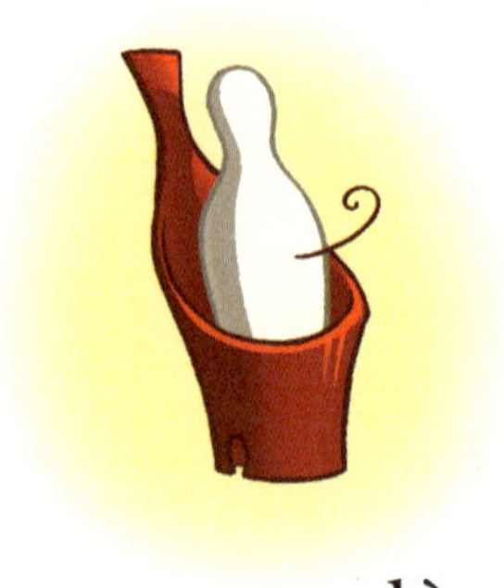

Cléo se baisse pour examiner le casque rouge et le bonnet blanc emboîtés. Mais dès qu'elle les effleure, elle disparaît !

— Est-ce que cette couronne est magique ? s'écrie Balthazar.

Grodof hoche plusieurs fois la tête, l'air de dire : « À mon avis, oui. »

En haut de l'escalier, le fantôme se retourne. À travers le drap fin comme un voile, le garçon distingue un corps entièrement enroulé dans des bandelettes : une momie !

— Mon pauvre Maïherpera…

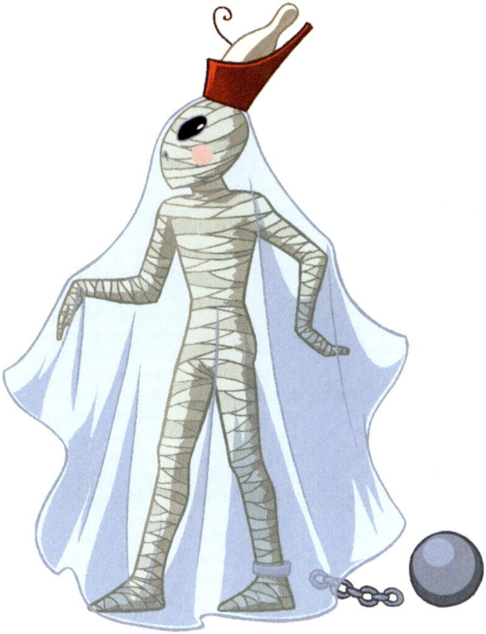

murmure la momie d'une voix lugubre.

— De qui parlez-vous ? demande Balthazar. Et d'abord, où est mon amie ?

— Elle reviendra lorsqu'elle aura aidé Maïherpera !

Balthazar et Grodof échangent un regard. Même s'ils ne sont pas sûrs de comprendre, ils ne peuvent abandonner Cléo. Avec courage, ils touchent la couronne de pharaon… et se sentent transportés à toute vitesse ! Le château disparaît, remplacé par une foule d'hommes et de femmes, tous vêtus de blanc, qui s'avancent en musique sur une place de terre rouge !

— Cléo ! appelle Balthazar, très inquiet.

— Hé ! Ho ! l'interpelle sa

voisine. Tu ne me reconnais pas ? Qu'est-ce que tu penses de ma nouvelle coiffure ?

Bouche bée, le garçon regarde sa meilleure amie. Maquillés de noir, ses yeux semblent immenses. Et ses traits paraissent encore plus fins que d'habitude sous sa nouvelle chevelure, noire, épaisse et bouclée.

— C'est une perruque, explique Cléo. Toi aussi, tu en portes une !

Balthazar tire sur ses propres cheveux, qui se soulèvent ! Dessous, il sent la peau nue de son crâne.

— Tu as raison. J'ai la tête rasée…

— Tu penses qu'on avait des poux ?

— Mais non ! C'est ça, la mode, chez les Égyptiens fortunés.

— Et tu as vu ma jolie robe plissée ? Son tissu est super doux.

— Hum… Un peu trop moulante à mon goût.

— Si tu te voyais, toi, avec ton pagne ! Tout maigrichon…

— Hé, vous avancez, ou quoi ! s'énerve quelqu'un.

— Suivons la foule, dit

Balthazar à l'oreille de Cléo. On finira bien par retrouver le fantôme.

Marchant entre deux rangées de statues de sphinx à tête de bélier, ils se dirigent vers un temple majestueux, au son des hautbois et des harpes.

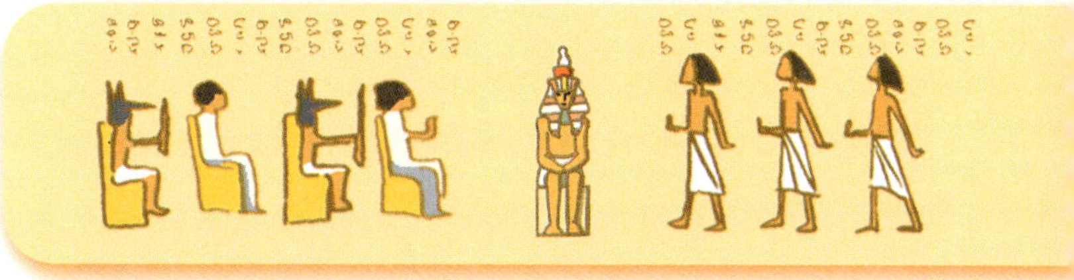

— Je ne vois pas Grodof, murmure Cléo, soucieuse.

— Il doit se cacher dans les environs. Il a dû comprendre que les chiens n'étaient pas les

bienvenus dans les temples.

— C'est vrai. Il est tellement malin !

Devant eux, des prêtres portent sur leurs épaules une barque magnifique, peinte de couleurs vives et couverte de fleurs.

En tendant le cou, les enfants réussissent à apercevoir ce que contient la barque : la statue gigantesque d'un homme à la peau bleue.

Balthazar est ravi :

— C'est Amon, le dieu le plus important de Thèbes. Nous sommes au milieu d'une procession religieuse. Exactement comme dans un film sur l'Égypte ancienne !

— Tu as remarqué, Balthazar ? chuchote Cléo. Personne ne fait attention à nous, comme si on avait toujours vécu ici !

Chapitre 2

Un adolescent très malheureux

Dans la première cour du temple, la barque du dieu fait une halte. La foule se masse sur les côtés, car elle n'a pas le droit d'aller plus loin.

Derrière la barque, un personnage impressionnant s'avance. Sa barbe est taillée en forme d'obélisque miniature. Il tient croisés sur sa poitrine un bâton recourbé et un fouet. Et il porte la couronne double, rouge et blanche, des pharaons d'Égypte.

— Le futur fantôme ! s'exclame Cléo.

— Le Pharaon vivant, qui n'est pas encore devenu une momie, renchérit Balthazar.

— Vite ! Allons lui parler !

Trop tard ! Seuls quelques hommes ont le droit de suivre la barque d'Amon dans la salle suivante.

— Qui sont ces privilégiés ?

demande Balthazar à son voisin, un adolescent au regard vif.

— Le Pharaon Maatkarê, le vizir de Haute-Égypte, le vizir de Basse-Égypte, le vice-roi de Nubie et le Grand Architecte Royal. Mais un jour, ajoute-t-il avec un clin d'œil, ce sera mon tour !

Un autre jeune homme se moque :

— Qu'est-ce que tu t'imagines, Maïherpéra ! Devenir vizir, peut-être ?

Balthazar sursaute : c'est

de cet adolescent dont parlait le fantôme !

— Eh bien, oui, pourquoi pas ? Je travaille dur à l'École Royale. Les maîtres sont très contents de moi.

— Tu ne sais même pas qui sont tes parents ! Le Pharaon ne s'entourera jamais de gens comme toi ! Et si tu étais un espion ?

Les rires fusent. Maïherpéra serre les poings et ses yeux lancent des éclairs.

Il semble tout étonné quand Cléo se tourne vers lui avec sympathie :

— C'est vraiment trop triste de ne pas connaître son père et sa mère ! Qu'est-ce qui t'est arrivé ?

— Une sentinelle m'a découvert, nouveau-né, devant la grand-porte du palais. Dans mon couffin de roseaux, se trouvaient quelques objets… dont ces amulettes.

Cléo interroge Balthazar du regard : « C'est quoi, une amulette ? »

— Un porte-bonheur, lui souffle son ami.

Maïherpéra retire de son cou un lacet de cuir, auquel sont accrochées plusieurs petites figurines en or.

— Ce disque d'or représente Rê, le dieu du Soleil. Cette jeune femme coiffée d'une plume d'autruche, c'est Maat, la déesse de la justice. Et ces deux bras levés vers le ciel symbolisent le Ka, l'énergie de la vie.

— Comme elles sont belles ! s'extasie Cléo.

— Quand la sentinelle a vu l'or des amu-

lettes, il a compris que j'étais le fils d'un grand seigneur. Il a frappé à l'intérieur du palais et m'a confié à la Grande Nourrice Royale. Ensuite, grâce à la générosité du Pharaon, je suis devenu pensionnaire de l'École Royale.

Balthazar souffle à l'oreille de Cléo :

— D'après le fantôme, c'est en aidant Maïherpéra qu'on pourra rentrer chez nous.

— J'ai eu beaucoup de chance d'être accueilli ici, poursuit l'adolescent. Pourtant, au fond de moi, je suis

triste et tourmenté. J'aurais compris que mes parents m'abandonnent s'ils avaient été dans la misère... Mais des parents riches ! Pourquoi se séparer de leur enfant ? Est-ce qu'ils ne m'aimaient pas ?

— Impossible, proteste Cléo. Ils ne t'auraient pas entouré de porte-bonheur sinon ! Il y a sûrement une autre explication. Si tu veux, nous allons t'aider à la découvrir.

Chapitre 3

Messages secrets

Une fois la procession terminée, l'adolescent conduit ses nouveaux amis à l'École Royale. Elle rassemble les enfants du Pharaon, les fils des nobles les plus importants d'Égypte, et quelques princes de pays alliés. Très peu de filles y sont admises, car presque tout le monde pense que ce sont les hommes qui doivent gouverner.

L'École est un vrai palais avec d'innombrables pièces et de magnifiques jardins agrémentés de bassins. Mais pour l'instant, elle est déserte. En ce jour de fête, le personnel s'est joint à la foule qui danse et s'amuse dans les rues. Quant aux élèves, ils ont été conviés à la réception que le Pharaon a organisée pour la noblesse.

Dans la chambre de

Maïherpéra, Cléo et Balthazar s'assoient par terre, en tailleur.

— Voici tout ce que m'ont laissé mes parents, dit l'adolescent, en posant devant eux le couffin en roseaux.

Il leur montre la minuscule chemise de lin blanc qu'il portait lorsqu'il a été abandonné. Puis le matériel de scribe qui avait été placé à l'intérieur du couffin.

— Drôle de cadeau pour un nouveau-né, fait remarquer Balthazar.

— Mes parents voulaient sans doute m'encourager à bien étudier, répond Maïher-péra. C'est pour eux que je fais tant d'efforts en classe… Mais ils voulaient aussi que je m'amuse comme les autres enfants. La preuve : le couffin contenait également ceci...

Sous les yeux étonnés de ses nouveaux amis, il sort un damier en bois. Sur le plateau, des couleurs vives dessinent un chemin de cases successives.

— Qu'est-ce que c'est ? demande Cléo.

— Un jeu de Sénet, tiens ! réplique Maïherpéra. On y joue avec un dé. Si tu tombes sur une case rouge, tu dois passer ton tour. Sur une case jaune, au contraire, tu peux rejouer. On part d'ici, et le premier qui arrive là a gagné.

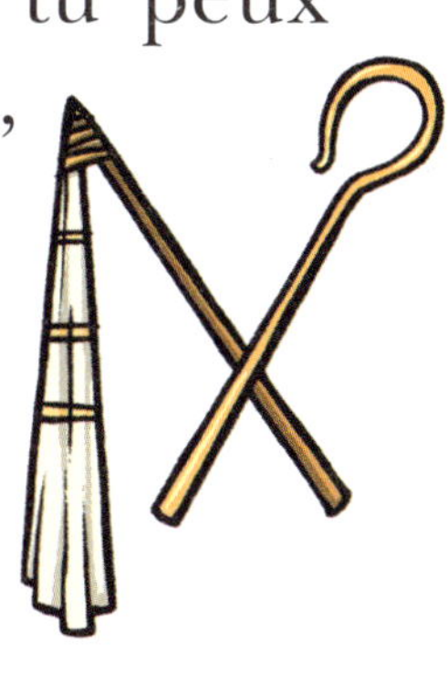

Balthazar et Cléo échangent un regard entendu : c'est une sorte de jeu de l'oie.

Sur le damier, Maïherpéra pose des pions à tête de crocodile, de bélier, de faucon, de lion, de chat, de chien... En voyant ce dernier pion, Cléo se demande de nouveau où est passé Grodof. Heureusement que son chien est le plus débrouillard du monde !

Balthazar pousse une exclamation :

— Et si ces objets étaient là pour te transmettre un message, Maïherpéra ?

— J'y ai déjà réflé-

chi. Mais je n'ai jamais trouvé lequel.

— Moi, je trouve que ce jeu de Sénet fait penser à un plan de maison, dit Cléo.

Maïherpéra la regarde, stupéfait.

— Tu as raison ! Un jour, le Grand Architecte Royal nous a fait visiter ses archives. Et ses plans ressemblaient tout à fait à ça…

— Le damier reproduit peut-être le palais de tes parents ? suggère Cléo.

— Eh bien, notre seule chance de le savoir, c'est d'aller

consulter les archives du Grand Architecte Royal ! conclut Maï-herpéra, tout excité.

Chapitre 4

Dans le palais du Pharaon

Dès leur arrivée dans le palais du Pharaon, un serviteur les conduit à un bassin d'eau fraîche. Là, ils lavent leurs mains et leurs pieds, couverts de poussière rouge.

— Ah ! s'écrie Cléo. Ça fait du bien…

Puis le serviteur pose sur leur tête quelque chose qui ressemble à une motte de beurre.

Cléo sursaute, mais Balthazar lui fait signe de se laisser faire.

— C'est de la graisse parfumée, chuchote-t-il. Pour que tu sentes bon pendant toute la soirée.

— C'est rigolo comme idée !

À la suite de Maïherpéra, ils pénètrent dans une immense salle pleine de colonnes. Partout, de petits groupes de convives bavardent, rient, admirent les musiciennes et les danseuses, et se servent dans les plats avec leurs doigts.

— Hé, Balthazar ! murmure Cléo. Tu as remarqué les servantes ? À côté de leur tenue, ma robe moulante est très raisonnable !

Le garçon rougit jusqu'aux oreilles. C'est vrai que les

jeunes femmes sont presque nues, simplement vêtues de bijoux !

Sans ralentir, Maïherpéra conduit ses amis dans la partie administrative du palais. Toutes les sentinelles s'effacent devant eux. À voix basse, Balthazar s'en étonne.

— Les élèves de l'École Royale sont les futurs dirigeants de l'Égypte, lui rappelle Maïherpéra avec fierté. Nous venons souvent ici et les sentinelles nous connaissent.

Ils entrent dans une pièce meublée d'étagères : les archives du Grand Architecte Royal.

— Où sont les livres ? demande Cléo.

— Voyons, Cléo ! chuchote Balthazar. Les livres n'ont pas encore été inventés ! Les Égyp-

tiens utilisent du papier épais fabriqué à partir d'une plante, le papyrus. Ils les collent les uns à la suite des autres pour en faire des rouleaux.

Suivant ses indications, les enfants déroulent un grand nombre de rouleaux. Dessus, sont dessinés des plans de palais, de temples, et même de tombeaux gigantesques.

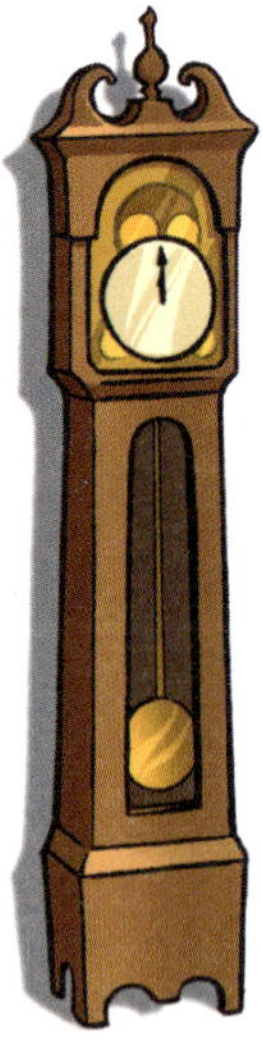

Soudain, Maïherpéra pousse un cri.

— Mon jeu de Sénet !

— Mais oui ! s'exclame Balthazar. C'est exactement ça… Incroyable !

Cléo sautille d'impatience.

— Alors, Maïherpéra, de quel palais s'agit-il ?

L'adolescent lit à voix haute les hiéroglyphes qui entourent le plan.

— Tombe... secrète... de Sénenmout... le Grand Architecte Royal du Pharaon Maatkarê.

Chapitre 5

Une minuscule différence

— Je n'y comprends rien ! s'exclame Cléo. Sénenmout construit lui-même sa tombe avant de mourir ?

Balthazar lève les yeux au ciel et chuchote :

— Les Égyptiens fortunés passent une grande partie de leur vie à préparer leur mort…

Mais de toute façon, Maï-herpéra ne s'intéresse pas à l'ignorance de Cléo. Il est trop bouleversé par leur découverte. Il place l'un à côté de l'autre le jeu de Sénet et le plan du caveau.

— Bizarre… murmure-t-il. Très bizarre…

Cléo et Balthazar se penchent par-dessus son épaule.

— Le jeu et le plan sont strictement identiques, sauf… une toute petite différence. Vous la voyez ?

Après une hésitation, Balthazar pointe du doigt la salle la plus éloignée de l'entrée : la chambre funéraire. C'est l'endroit où sera déposée la momie de Sénenmout, après sa mort.

Sur le jeu, une minuscule pièce supplémentaire se trouve à côté de la chambre funéraire. Sur le plan, elle n'est pas indiquée. Tout le reste est

strictement identique. Balthazar réfléchit à voix haute :

— Qu'est-ce que ça veut dire ?

— Il n'y a qu'un moyen de le savoir… affirme Maïherpéra.

Devinant la suite, Balthazar sent son cœur palpiter.

— … c'est d'aller voir sur place ! poursuit l'adolescent.

— Excellente idée ! s'enthousiasme Cléo. Où elle est, cette tombe ?

— De l'autre côté du Nil, sur la rive des morts, répond tranquillement Maïherpéra.

Cléo ouvre des yeux ronds. Elle s'imagine les

bords du Nil peuplés de fantômes qui saluent les vivants sur l'autre rive.

Lorsqu'ils ont quitté le palais, Balthazar lui donne quelques explications :

— Thèbes est construite d'un côté du Nil, et les tombeaux de l'autre côté. Voilà pourquoi les Égyptiens parlent de la rive des vivants et de celle des morts.

Dans les rues, la fête bat son plein. Hommes, femmes et enfants vont et viennent entre les musiciens, les danseurs, les jongleurs, les parieurs et les conteurs d'histoires.

Désertés par la foule, les bords du Nil sont paisibles. Seuls quelques hérons s'envolent à leur approche, et un hippopotame ouvre un œil.

Maïherpéra détache une barque de roseaux, dans laquelle ils s'installent. Avec énergie, ils rament ensemble jusqu'à l'autre rive.

Pendant ce temps, la nuit a fini de tomber. L'adolescent tire la barque sur la rive des morts.

— Nous allons dormir à l'intérieur. Nous y serons en sécurité.

Malgré la tiédeur de

l'air, Cléo et Balthazar se serrent l'un contre l'autre. Ils sombrent aussitôt dans un sommeil profond.

À leur réveil, une magnifique lumière rose illumine le désert. En guise de petit déjeuner, Maïherpéra leur tend un morceau de canard grillé.

— Tu as déjà attrapé un canard ! s'exclame Cléo avec admiration.

Il lui sourit.

— Je suis le meilleur de ma classe au tir à l'arc.

Dès qu'ils sont rassasiés, ils prennent le chemin du désert.

— Vous voyez ce plateau qui domine la vallée ? À ses pieds, le Pharaon Maatkarê est en train de faire construire un temple gigantesque, qui sera son propre tombeau. La tombe de Sénenmout a été creusée juste en dessous.

— Quel privilège étonnant, dit Balthazar. Est-ce que le Grand Architecte Royal est l'un des favoris du Pharaon ?

Maïherpéra lui lance un regard pensif.

— Tu as raison. Cette marque de

confiance est exceptionnelle, même pour un favori…

Chapitre 6

La tombe du Grand Architecte

Bien que la falaise semble d'abord reculer au fur et à mesure qu'ils marchent dans le désert, ils atteignent enfin le gigantesque chantier.

Cachés derrière un rocher,

ils observent les ouvriers qui s'activent par dizaines sous un ciel d'azur. Le temple est déjà très impressionnant. Trois immenses terrasses superposées sont soutenues par d'innombrables colonnes.

— J'ai repéré la réserve à outils, dit Maïherpéra. Je vais emprunter discrètement le matériel dont nous aurons besoin. Attendez-moi là.

Il revient peu de temps après, une corde enroulée autour de la taille, et deux disques de cuivre sous le bras, un grand et un petit. Cléo est intriguée.

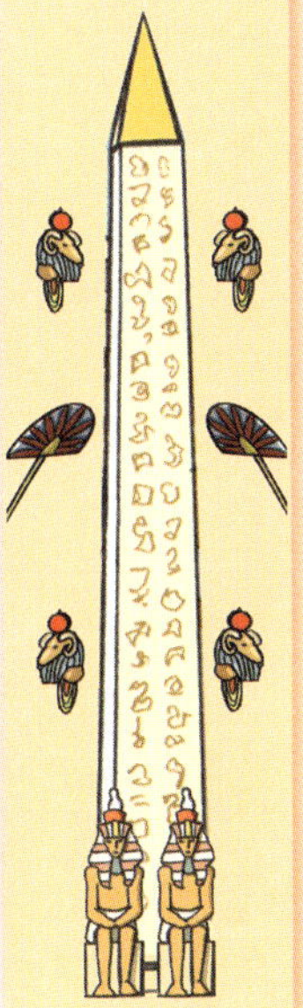

— Qu'est-ce que tu comptes faire avec ça ?

Maïherpéra lui désigne le soleil de midi, juste au-dessus de leurs têtes.

— Rê nous aidera, dit-il mystérieusement.

D'après le plan, l'entrée de la tombe de Sénenmout se trouve à l'écart, dans une faille de la falaise. Les enfants et l'adolescent contournent le chantier sans être vus. Enfin, entre deux rochers rouges, ils découvrent une sorte de puits.

— Hum… Il faut vraiment descendre là-

dedans ? marmonne Balthazar.

Après avoir solidement attaché une corde à un rocher, Maïherpera disparaît à l'intérieur. Sans hésiter, Cléo l'imite, bientôt suivie par son ami.

Ils rejoignent l'adolescent une dizaine de mètres plus bas. Il est occupé à placer le grand disque de cuivre de biais, sous le puits.

— Ainsi, la lumière du soleil va se refléter à l'intérieur de la tombe et nous éclairer.

— Très astucieux ! Et le petit disque ?

—Je le garde à la main.

Il me permettra de projeter le rayon de lumière sur des détails.

Ils se trouvent à l'entrée d'un long couloir en pente, qui traverse une succession de pièces.

Dans la première salle, des fresques de couleurs vives montrent le dieu Amon qui couronne Maatkarê. Le Pharaon est reconnaissable à sa couronne double, son pagne pointu et sa drôle de barbe en forme d'obélisque. La déesse de l'amour, Hathor, tend la main vers lui pour lui donner la vie.

— Ces peintures sont tellement belles ! s'extasie Cléo. Dommage que les Égyptiens soient moins beaux en vrai que dans leurs dessins... À part toi, Maïherpéra, bien sûr !

Balthazar hoche la tête.

—Les Égyptiens préfèrent montrer un monde parfait.

Dans la salle suivante, le garçon s'arrête net. Il contemple un portrait étonnant. L'homme représenté a un long nez, un menton un peu effacé, et deux balafres sur ses joues rondes.

— Eh bien, là, au contraire, on dirait que le

peintre a cherché la ressemblance !

— C'est vrai, dit Maïherpéra. Je reconnais bien le Grand Architecte Royal, Sénenmout.

— Alors, demande Cléo, c'est lui, le chouchou du Pharaon ?

— On raconte qu'il est intelligent, généreux, et dévoué à Maatkarê. Moi-même, j'ai déjà discuté avec lui. Il m'a plu : il avait l'air

honnête. Et il semblait s'intéresser vraiment à nos études.

Après plusieurs salles, ils parviennent enfin dans la chambre funéraire. Elle est vide. Cléo est déçue.

— Il n'y a même pas de sarcophage !

— Cléo ! rit Balthazar. Le sarcophage ne servira qu'après la mort de Sénenmout. Il sera déposé ici avec sa momie. Ensuite, le puits d'accès sera soigneusement refermé pour éviter que des voleurs viennent piller le tombeau.

Pendant ces explications, Maïherpéra tapote

du plat de la main le mur de gauche, déjà recouvert d'une très belle fresque. On y voit Maat, la déesse de la Justice, qui pèse le cœur du mort. Si celui-ci est plus léger qu'une plume d'autruche, le mort a le droit de renaître. Sinon, il est dévoré par un horrible monstre qui possède une tête de crocodile, des pattes de lion et un corps d'hippopotame.

— D'après le jeu de Sénet, murmure l'adolescent, il devrait y avoir par là une porte secrète...

Chapitre 7

Une surprise pour Maïherpéra

En explorant la fresque avec ses doigts, Balthazar sent soudain un léger relief… juste à l'emplacement du cœur du mort ! Il appuie dessus, et un déclic se fait entendre.

— Hourra ! s'exclame Cléo.

Ils s'attendent à ce que le mur entier pivote...

Mais c'est seulement une pierre qui s'enfonce dans le mur et s'ouvre sur une petite niche. À l'intérieur, se trouve une statuette.

Maïherpéra la prend entre ses mains. Elle a la forme étrange d'un cube d'où émergent deux têtes. Un homme adulte sourit avec tendresse à un bébé.

En silence, l'adolescent déchiffre les hiéroglyphes gravés sur le cube. Puis il ferme les

ms sont ici : tu les vois
-ce que le nom de t
écrit aussi ? demand
r.
erpera secoue lente-
tête.
on. Mon père n'ex-
ême pas pourquoi ma
e a dû rester secrète. Il
seulement que je suis
rand bonheur de sa vie.
propos, est-ce qu'il est
arié ?
— Non. Ce qui est
ailleurs très rare pour
Égyptien.
— La femme qu'il
nait avait peut-être

yeux et serre la petite sculpture contre son cœur. Une grosse larme se met à couler sur sa joue.

Cléo se dandine d'impatience, mais elle réussit à attendre que Maïherpéra se soit remis de ses émotions.

— Alors ? l'interroge-t-elle dès qu'il rouvre les yeux.

— Le Grand Architecte Royal Sénenmout est mon père ! Nos

deux no
— Es
mère est
Balthaza
Maïhe
ment la
— N
plique m
naissanc
affirme
le plus g
— À
m

d'
u
ai

yeux et serre la petite sculpture contre son cœur. Une grosse larme se met à couler sur sa joue.

Cléo se dandine d'impatience, mais elle réussit à attendre que Maïherpéra se soit remis de ses émotions.

— Alors ? l'interroge-t-elle dès qu'il rouvre les yeux.

— Le Grand Architecte Royal Sénenmout est mon père ! Nos

deux noms sont ici : tu les vois ?

— Est-ce que le nom de ta mère est écrit aussi ? demande Balthazar.

Maïherpera secoue lentement la tête.

— Non. Mon père n'explique même pas pourquoi ma naissance a dû rester secrète. Il affirme seulement que je suis le plus grand bonheur de sa vie.

— À propos, est-ce qu'il est marié ?

— Non. Ce qui est d'ailleurs très rare pour un Égyptien.

— La femme qu'il aimait avait peut-être

déjà épousé quelqu'un d'autre… suggère Cléo.

— Ce n'est pas bien d'avoir un enfant avec un autre homme que son mari, murmure l'adolescent. Mais de toute façon, ce mari se serait bien rendu compte qu'elle était enceinte. Alors, pourquoi me séparer d'elle ? J'aurais tellement aimé connaître ma mère et grandir près d'elle !

— Peut-être que Sénenmout a laissé d'autres explications quelque part ?

Ils examinent la tombe de long en large. Mais ils ne découvrent rien d'autre.

— Sortons d'ici, finit par dire Maïherpéra. Bientôt, le soleil va disparaître derrière la montagne et le disque de cuivre ne servira plus à rien.

Balthazar abandonne aussitôt ses recherches.

— Euh, oui, dépêchons-nous ! Je n'ai pas du tout envie de me retrouver dans le noir au fond d'un tombeau… Même vide !

— Au moins, je sais qui est mon père, poursuit l'adolescent. Je vais profiter de

la fête pour aller discrètement l'interroger.

— Très bon plan ! affirme Balthazar en se précipitant vers la corde.

Chapitre 8

Sauvés !

Cléo, Balthazar et Maïher-péra ont regagné Thèbes sans encombre.

Les fêtes égyptiennes durent plusieurs jours et une nouvelle réception a lieu au palais du

Pharaon. Affamés, les enfants se jettent sur le buffet.

— Miam… Ces biscuits sont délicieux. À quoi sont-ils parfumés ? demande Cléo à Maïherpéra.

L'adolescent est très nerveux.

— À la fleur de lotus. Mais pourquoi mon père tarde-t-il tant ?

— Il va finir par arriver, le rassure Cléo. D'ailleurs, regarde : le Pharaon est en retard lui aussi.

— Pas du tout ! Tu ne le vois pas dans le fauteuil, là-bas ?

Les enfants froncent

les sourcils. Dans le fauteuil en question, est assise une femme d'une trentaine d'années, vêtue d'une longue robe plissée et de nombreux bijoux. Elle a posé sur ses genoux la double couronne d'Égypte.

— Qui est cette femme ? demande Balthazar.

— Le Pharaon Maatkarê, répond Maïherpéra.

— Le Pharaon est une femme ? Mais c'est impossible !

— Pas du tout. Son nom de naissance est Hatshepsout. Elle était la fille du précédent Pharaon, Toutmosis I. Suivant la coutume, elle est devenue la Grande Épouse Royale de son demi-frère, le Pharaon Toutmosis II. Mais à sa mort, le prince héritier, Toutmosis III, était un enfant de quatre ans. En attendant qu'il ait l'âge de diriger l'Égypte, c'est elle notre Pharaon. Pour gouverner, elle a pris le nom de Maatkarê.

Balthazar fronce les sourcils.

— C'est pourtant un Pharaon homme que

nous avons vu derrière la barque du dieu Amon.

Maïherpéra secoue la tête.

— Le peuple n'a pas l'habitude d'obéir à une femme. En public, Maatkarê apparaît toujours vêtue comme un homme, dans la tenue habituelle des Pharaons. C'est seulement dans une petite fête comme celle-ci qu'elle peut reprendre des vêtements féminins.

— Mais elle portait une barbe ! s'écrie Cléo. Je m'en souviens très bien : elle avait

la forme d'un minuscule obélisque.

— Oh, c'était une fausse barbe. Même quand le Pharaon est un homme, sa barbe est fausse, comme ses cheveux.

Soudain, Balthazar se met à sauter de joie.

— J'ai compris ! Maïherpéra, les trois amulettes laissées par tes parents représentent bien la déesse Maat, le Ka et le dieu Rê, n'est-ce pas ?

— Euh… Oui.

— Eh bien, ensemble, ils forment le nom du Pharaon : Maatkarê !

L'adolescent pâlit et

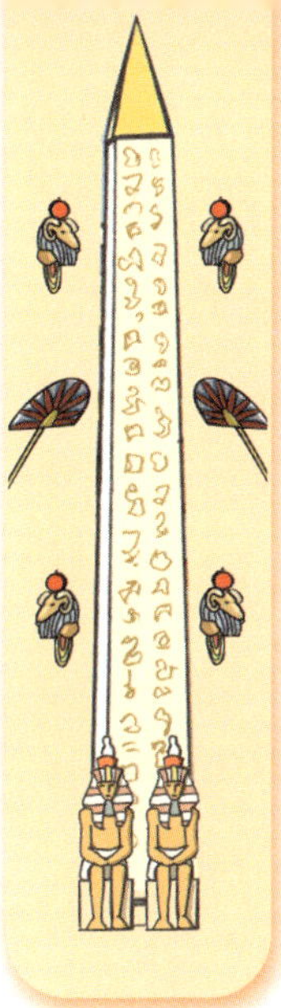

s'appuie sur un meuble.

— Tu veux dire que… ma mère serait… le Pharaon ?

— Exactement.

Maïherpéra a besoin d'un peu de temps pour s'habituer à cette idée. Mais plus il y pense, plus les choses deviennent claires :

— En tant que fille de Pharaon, Hatshepsout a été obligée d'épouser un homme qu'elle n'aimait pas, son propre demi-frère… À la mort de ce dernier, elle a accepté

l'amour que lui portait Sénenmout, le Grand Architecte Royal... Mais cet amour devait absolument rester secret. Voilà pourquoi mes parents m'ont confié à la Grande Nourrice Royale ! L'histoire de la sentinelle qui m'a découvert devant le palais était sûrement inventée...

Soudain, le fantôme du Pharaon Maatkarê est là, devant eux. Seuls Cléo et Balthazar peuvent le voir.

— Mon enfant... Mon prince chéri... dit la momie en

regardant tendrement Maïherpéra. Il m'était impossible de te révéler le secret de ta naissance. Mais grâce à tes amis, tu as su lire les indices que ton père et moi avions laissés pour toi ! J'en suis tellement heureuse…

Son boulet a disparu et la momie devient de plus en plus transparente. Avant de finir sa phrase, elle a disparu.

— Cette fois, dit gaiement Cléo, je crois bien qu'elle est partie au Pays du Repos Souriant !

Aussitôt, tout se met à tourner autour d'elle : la

salle de réception et ses colonnes, les danseuses et les musiciennes, Maïherpera, le Pharaon Maatkarê…

L'instant d'après, elle est dans la salle des gardes du Château des Ombres. Balthazar et elle ont retrouvé leurs pyjamas et leurs vrais cheveux. Et surtout, Grodof est de nouveau près d'eux. Cléo le serre dans ses bras.

— Enfin, te voilà, mon chien ! Qu'as-tu fait pendant tout ce temps ?

Grodof la regarde de ses grands yeux affectueux, l'air de

dire : « Je ne me sentais pas très à l'aise dans ce pays. Tu sais, Cléo, ils avaient même un dieu à tête de chat ! Alors, j'ai préféré rester discret. Bien sûr, si tu avais eu besoin de moi, je serais arrivé dare-dare ! »

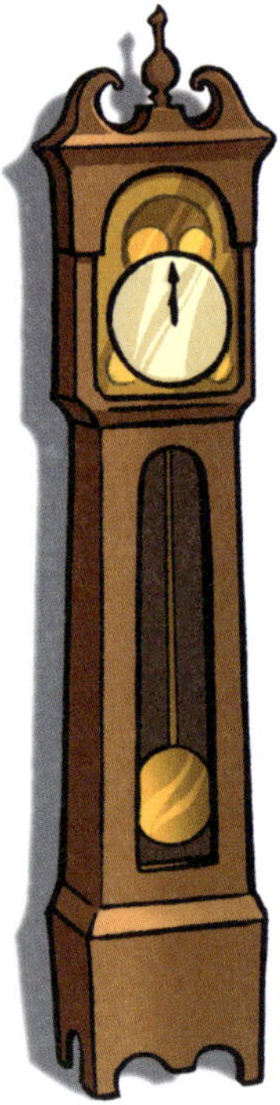

Balthazar ramasse la couronne double des Pharaons et la pose sur sa tête. Elle a perdu sa transparence et ses pouvoirs magiques.

— Elle me va bien, je trouve...

Cléo se met à rire :

— Hum... Un peu grande ! Mais elle nous rappellera notre incroyable voyage.

Quelque part dans le Château des Ombres, l'horloge invisible sonne... treize coups ! Les enfants bâillent à s'en

décrocher la mâchoire. Il est vraiment temps d'aller se coucher.

FIN

Bientôt, Cléo, Balthazar et Grodof vivront
une nouvelle aventure merveilleuse.
Ils voleront au secours du fantôme d'un pirate.

Le trésor de Barbe-Jaune

À l'abordage ! Quand Cléo, Balthazar et Grodof débarquent sur le navire du cruel pirate Barbe-Jaune, ils n'ont pas une minute pour souffler ! Il faut grimper sur le grand mât et attaquer un galion espagnol… Pas facile tous les jours, la vie de pirate !

Les as-tu tous lus ?
Sophie Marvaud
Ghost secret
Le tournoi maudit
3
Sophie Marvaud
Ghost secret
Le silex magique
4
Le silex magique
Le tournoi maudit

Ghost
secret
Concours
De nombreux lots à gagner !
Pour participer, télécharge
vite ton bulletin sur :
www.bibliothequerose.com

Donne ton avis à l'auteur !

Sophie, l'auteur, hésite entre plusieurs époques pour la prochaine aventure de Cléo, Balthazar et Grodof :

- La Grèce antique
- La révolution française
- L'époque des Vikings

Alors, laquelle tu préfères ?
Réponds à Sophie et envoie-lui tes idées d'aventures ou même tes dessins de fantômes !

Tu peux lui écrire à l'adresse mail suivante :

contact@ghostsecret.fr

OU lui envoyer une lettre ou tes dessins à :
Hachette Jeunesse Roman
Ghost Secret
43 quai de Grenelle
75905 Paris Cedex 15

N'oublie pas de bien indiquer tes coordonnées.

Table

« Pour l'éditeur, le principe est d'utiliser des papiers composés de fibres naturelles, renouvelables, recyclables et fabriquées à partir de bois issus de forêts qui adoptent un système d'aménagement durable. En outre, l'éditeur attend de ses fournisseurs de papier qu'ils s'inscrivent dans une démarche de certification environnementale reconnue. »

Imprimé en France par Jean-Lamour - Groupe Qualibris
Dépôt légal : février 2008
20.20.1528.7/01 – ISBN 978-2-01-201528-9
Loi n°49-956 du 16 juillet 1949
sur les publications destinées à la jeunesse